Paris
1824

Ganilh, Charles

De la réduction des rentes en 1824

DE LA RÉDUCTION

DES RENTES

EN 1824.

IMPRIMÉ CHEZ PAUL RENOUARD,

RUE DE L'HIRONDELLE, N° 31.

DE LA RÉDUCTION

DES RENTES

EN 1824,

PAR M. GANILH,

EX-DÉPUTÉ DU CANTAL.

———————o———————

PARIS,

BOSSANGE PÈRE, RUE DE RICHELIEU, N° 60;

BOSSANGE FRÈRES, RUE DE SEINE, N° 12.

M DCCC XXIV.

DE LA RÉDUCTION

DES RENTES EN 1824.

La réduction de la rente par le remboursement intégral de son capital, est un phénomène nouveau dans les annales de nos finances. On y trouve bien des réductions de rentes, et elles n'y sont malheureusement que trop fréquentes ; mais elles sont toutes frauduleuses et spoliatrices. Celle qu'on propose eût-elle ce caractère odieux , conserve du moins les apparences de la justice, et c'est un grand pas que nous avons fait dans l'ordre social.

Toutefois la réduction proposée excite des clameurs non moins vives que toutes celles qui l'ont précédée, et, juste ou non, elle ne recommande pas le gouvernement et le ministre à la faveur publique ; la commotion qu'elle a donnée à tous les esprits est si forte, qu'on a pour ainsi dire perdu de vue la septennalité, cette mesure qui bouleverse l'état politique et l'état social. Chose étrange ! l'atteinte aux libertés de vingt-neuf millions de Français, leur inspire moins d'alarmes que la perte de vingt-huit à trente millions de rente pour deux cent mille rentiers ; mais pourquoi s'en étonner ?

Les libertés sont un bien dont on jouit comme de la santé ; on n'en connait le prix que lorsqu'on ressent les maux inséparables de leur privation. La réduction de la rente est d'une toute autre nature ; elle est un mal actuel pour le rentier qui perd un cinquième de sa rente, et ce mal est senti par tout le monde, parce que tout le monde sait ce que c'est que de perdre un cinquième de son revenu ; il y a donc association générale avec la souffrance particulière, parce qu'elle est généralement sentie et comprise.

Mais combien peu de personnes savent pressentir les résultats prochains ou éloignés de la septennalité? Comment les rendre sensibles à tout le monde, et sans leur évidence générale, comment se flatter qu'ils exciteront les mêmes anxiétés, la même sympathie que la réduction de la rente?

On peut donc, sans de grands efforts, concevoir la facilité pour le pouvoir, de démolir les libertés des peuples ; mais, nous dira-t-on quel avantage il peut s'en promettre, si la réduction même légitime de la rente, si l'intérêt des rentiers le compromet avec l'opinion publique, qu'il est toujours dangereux de braver, lors même qu'on croit pouvoir s'en passer. Que serait-ce donc s'il attaquait l'universalité des intérêts privés? et cependant, sans ce privilége, à quoi peut être bon le pouvoir sans opposition, ou le pouvoir absolu?

Si la réduction de la rente, envisagée sous un point de vue politique, est un mal pour le pouvoir, voyons ce qu'on doit en penser sous le rapport financier?

La rente a atteint le pair, c'est un fait incontestable et incontesté. On n'est pas d'accord sur les causes auxquelles on doit attribuer cet événement, et je n'essaierai pas de les pénétrer. Je ne veux que chercher quels doivent en être les effets.

Le pair de la rente satisfait évidemment tous les intérêts du rentier, il lui assure ce à quoi il n'avait pas droit de s'attendre, la rentrée dans son capital, s'il en a besoin; avantage qui comble ses vœux et ses espérances.

Après l'intérêt du rentier, on aperçoit en seconde ligne deux autres intérêts qui sont également appelés à profiter du pair de la rente. Ce sont ceux

Du contribuable

Et de l'État.

Ces deux intérêts ne sont ni opposés, ni contraires l'un à l'autre ; mais ils diffèrent essentiellement entre eux, au moins temporairement.

L'intérêt du contribuable est d'être soulagé du fardeau des contributions qu'il supporte pour l'amortissement de la dette publique, dès que cet amortissement n'est plus nécessaire.

L'intérêt de l'État est d'effectuer la libération de la dette publique dans un intervalle de temps proportionné aux ressources des contribuables et aux nécessités de la libération.

Au premier aspect, ce problème ne paraît pas facile à résoudre, et sa solution n'est pas un des moindres progrès de la science des finances.

Il est certain, et c'est désormais un principe fondamental en finance qu'un fonds d'amortissement d'un pour 0/0 éteint la dette en trente-sept ans ou au plus tard en quarante-cinq ans (1). Il suffit donc, pour effectuer la libération de la dette publique dans un temps convenable, de lui affecter un fonds d'amortissement d'un pour o/o de son capital.

La dette publique de la France, actuellement susceptible de libération, est :

En intérêts . . . . 140 millions.

En capital 2,400

Le fonds d'amortissement, à raison d'un pour o/o du capital, doit donc être de . . . 24

Celui qui existe à présent est de 85

Il ne doit être que de . . 24

Il excède, par conséquent, les besoins réels et effectifs de . . . . 61 millions.

____

(1) On n'est pas encore d'accord sur ce point.

Dès que ces 61 millions ne sont plus nécessaires à l'amortissement de la dette publique à laquelle ils étaient destinés, ils ne doivent plus être imposés, et le contribuable doit en être affranchi.

C'est ainsi que le rentier, l'État et le contribuable profiteront du pair de la rente; tels sont ses premiers et ses immédiats résultats; d'autres les suivront, et quoique d'une moindre importance ils méritent la plus grande considération.

Il est certain que la rente, n'étant plus appuyée que sur un fonds d'amortissement de 24 millions, ne sera plus l'objet des grandes spéculations qu'elle a si long-temps provoquées. L'agiotage n'offrira plus aux capitalistes les scandaleuses dépouilles qui attiraient sur la place de Paris tant de capitaux détournés de leur destination. Ils reprendront leur cours vers le travail et y féconderont toutes les sources de la prospérité publique , de la richesse générale et de la puissance sociale.

Il paraît que les avantages de la réduction de l'amortissement n'ont pas échappé à l'attention de M. le ministre des finances, il convient même qu'on l'a *proposée;* mais il est dominé par de si fortes préventions qu'il lui préfère la réduction de la rente; et, il faut en convenir, on a de la peine à se défendre de quelque surprise en pesant attentivement les motifs qu'il donne de son étrange détermination.

Qui le croirait? le ministre qui propose de réduire la rente de cinq à quatre, appelle *spoliation, manque de foi,* toute réduction de l'amortissement.

Il ne s'aperçoit pas que si ce qu'il dit de la réduction de l'amortissement était vrai, on l'appliquerait, avec beaucoup plus de raison, à la réduction de la rente.

Effectivement, dans le contrat constitutif de la rente, l'État souscrit envers son créancier l'obligation expresse et littérale de lui payer, à perpétuité, une rente de cinq pour cent;

Tandis que dans la création du fonds d'amortissement il n'a été fait aucune promesse au rentier, et l'on n'a contracté aucune obligation envers lui.

Si donc il y avait manque de foi et spoliation dans la réduction de la rente ou dans celle de l'amortissement, c'est de la réduction de la rente que cela serait vrai et non de la réduction de l'amortissement.

Mais je conviens qu'on ne peut faire ce reproche ni à l'une ni à l'autre de ces réductions, et la raison en est évidente.

Dans le contrat constitutif de rente, l'obligation de payer à perpétuité la rente stipulée,

est subordonnée à la condition du remboursement facultatif du capital à perpétuité. Cette
condition est de l'essence de ce contrat ; sans
elle il pourrait être oppressif pour le débiteur,
arraché à ses besoins, imposé à sa misérable
situation ; il serait par conséquent indigne de
toute protection sociale. La faculté perpétuelle
du remboursement du capital maintient l'é-
quilibre entre le prêteur et l'emprunteur, et
place leur contrat dans la classe de tous les
contrats commutatifs.

Mais dans la création d'un fonds d'amortissement, le prêteur est tout-à-fait sans intérêt. L'État ne lui doit que la rente promise,
l'amortissement n'a aucun rapport à la rente,
il n'est destiné qu'à son extinction, par la voie
du rachat, et le rentier n'a rien à prétendre
dans l'une ou l'autre opération.

Il y a même ceci de particulier, l'amortissement ne peut jamais être favorable au rentier, car il ne peut jamais augmenter sa rente,

et il peut en opérer la réduction si, comme
M. le ministre des finances paraît le croire, l'a-
mortissement favorise la réduction de la rente.

Aussi, dans le pays qui a créé le système des
emprunts avec amortissement, où sa nature
est bien connue, et où l'on fut toujours fidèle
aux engagemens publics, n'a-t-on jamais hé-
sité à détourner les fonds de l'amortissement
de leur destination, toutes les fois que les besoins de l'État l'ont exigé. Jamais les créanciers
n'ont fait aucune réclamation, jamais aucun
membre des deux chambres ne s'est plaint de
l'atteinte à leurs droits, quoique dans les deux
chambres on se soit souvent élevé contre les
fréquentes invasions du fonds d'amortissement. En Angleterre, le gouvernement se regarde comme si parfaitement libre de disposer du fonds d'amortissement, qu'en dernier
lieu il en a disposé en totalité; et chose étrange,
non-seulement l'opposition ne lui en a pas
contesté le droit, mais même elle s'est refusée

à ce qu'on en conservât ou qu'on en fît revivre une partie quelconque.

Il est donc bien étrange que M. le ministre des finances s'appuie sur des doctrines si contraires à celles que pratiquent depuis plus d'un siècle les fondateurs de l'amortissement? Est-ce que notre amortissement a été créé sur d'autres principes que ceux qui l'ont primitivement constitué? Non. Sommes-nous plus habiles, plus éclairés, plus fidèles à nos engagemens que ceux qui nous en ont transmis les théories et la pratique? Je suis Français et je me tais. M. le ministre des finances entendra sans doute mon silence, et il comprendra parfaitement que s'il peut légitimement réduire à 4 la rente constituée à 5, il peut à plus forte raison, sans manque de foi, et sans spoliation, réduire de 85 à 24 le fonds d'amortissement, qui n'est engagé envers qui que ce soit, et qui ne peut pas l'être envers les rentiers de l'État, sans dénaturer leur contrat de rente.

Mais, dit M. le ministre des finances :

« Si vous réduisez l'amortissement pour
« conserver à vos rentiers 5 pour cent au lieu
« de 4, ce ne sera pas 5 que produiront vos
« effets publics......, ce sera 6, 7 et 8, comme
« nous l'avons vu dans une situation analogue,
« pour notre crédit, à celle qu'amènerait la
« violation de la Caisse d'amortissement. »

On doit remercier M. le ministre des finances de cet aveu qui rend inutile toute dissertation sur les causes de l'élévation de la rente au pair, et sur les moyens de l'y maintenir ; il me suffit de faire remarquer que M. le ministre des finances paraît convaincu que sans le fonds d'amortissement, la rente, non-seulement ne descendrait pas à 4, mais ne se maintiendrait pas à 5, et monterait à 6, 7 et 8 ; j'y reviendrai dans la suite.

Je suis loin cependant de croire à l'exactitude de cette assertion ; il me paraît plus

vraisemblable que le fonds d'amortissement,
réduit à lui-même, est plus propre à maintenir le cours qu'à l'élever, et quand il produit cet effet, la hausse n'est qu'éphémère, et
retombe nécessairement au taux déterminé
par l'abondance des capitaux. Toutefois, je
n'établirai pas ici les raisons sur lesquelles
s'appuie cette doctrine, ce serait m'engager
dans une discussion trop étendue et à coup
sûr inopportune ; il me suffira d'en appeler
à l'expérience du peuple le plus versé dans
cette partie de la science.

En Angleterre la disparition du fonds
d'amortissement n'a jamais influé sur la baisse
des effets publics, comme aussi dans les temps
où il fut le plus considérable, il n'en opéra
point la hausse.

En 1798 et en 1812, où il était dans toute
sa puissance, il fut impuissant contre la baisse
des rentes.

Depuis 1821, il a été à peu près illusoire, et jamais la hausse ne fut plus rapide ni plus constante.

Nous pourrions retrouver, dans le cours de nos fonds publics, des exemples semblables, quoique moins éclatans et moins sensibles ; mais comme ils n'ont pas la même notoriété que ceux que nous fournit l'Angleterre , je n'en tirerai pas avantage. On peut donc conclure , de ce qui s'est passé en Angleterre, que la hausse et la baisse ont une autre cause que celle du fonds d'amortissement, ou s'il y a quelque part, elle n'est pas aussi grande que celle que lui a donnée M. le ministre des finances.

Mais, dit encore M. le ministre des finances :

« La violation du fonds d'amortissement
« ferait perdre aux rentiers, sur leur capital,
« ce qu'il leur conserverait sur leur intérêt. »

2.

Ainsi M. le ministre des finances pense que l'État doit veiller à la conservation du capital des rentiers; mais il a donc oublié que les rentiers n'ont point de capital, qu'ils l'ont converti en rente, qu'elle ne peut ni augmenter, ni diminuer, et que leur intérêt est parfaitement à couvert tantque leur rente est intacte.

Sans doute il est une autre classe d'hommes qui prend le nom et le masque des rentiers, sans posséder un franc de rente, et qui prend un grand intérêt à la valeur du capital, quoiqu'elle mette peu de prix à sa possession. Ces spéculateurs ont un grand intérêt à l'existence d'un fonds considérable d'amortissement, parce qu'il les préserve du danger des trop rapides oscillations de la rente, et leur donne plus d'avantages sur les petits capitalistes; mais ce n'est pas sans doute pour cette classe de rentiers que M. le ministre des finances stipule, et ce n'est pas à la conservation de leur capital qu'il veut sacrifier les sueurs et les faibles ressources du contribuable.

Mais, poursuit M. le ministre des finances :

« Touchez à l'amortissement, et vous allez
« voir se tourner à la baisse cette foule de spé-
« culateurs, à laquelle peu importe que ce soit
« en baisse ou en hausse qu'ils agissent, pourvu
« que, par des mouvemens qui attirent le pu-
« blic sur le terrein, ils puissent jouer avec lui
« avec tous les avantages de l'habileté contre
« l'ignorance. »

Quoi ! c'est l'amortissement qui empêche
le jeu de la hausse ou de la baisse ! En ce
cas, il devrait être inconnu en Angleterre, où
le fonds d'amortissement a été porté au plus
haut point où il puisse s'élever : il a dépassé
18 millions sterlings, ou 460 millions de fr. ;
et cependant le jeu de la hausse et de la baisse
n'y a point de bornes ; il est devenu une sorte
d'occupation, un emploi naturel et ordinaire
des plus grands capitaux. Comment accorder
ces résultats d'une expérience séculaire avec
les prédictions dont M. le ministre des finances

veut nous épouvanter. Qu'il se rassure sur la prudence des joueurs, et qu'il soit bien sûr que tous calculent parfaitement l'effet de l'amortissement ; qu'il ne les fait pas dupes, et ne leur sert pas à faire des dupes.

Enfin, M. le ministre des finances dit :

« Touchez à l'amortissement, et vous saurez « à quel prix vous pourrez réaliser plus tard « les emprunts que vous aurez à faire ».

Je ne sais pas comment on peut répondre à des prophéties en finances ; j'avais cru que cette science était assez avancée pour n'être plus réduite à la nécessité de se préserver des terreurs qui jouent un si grand rôle dans les autres sciences politiques. Ce que je sais bien, c'est que si, dans le cas d'emprunts futurs, on a besoin d'un fonds plus ou moins considérable pour l'ajouter au fonds ordinaire d'amortissement, on fera comme M. Pitt en 1786 et en 1793, on l'imposera ; et s'il a toute l'effica-

cité que le ministre lui attribue, on s'en assu-
rera tous les bienfaits. Qu'on ne craigne pas
que le contribuable, à qui on aura rendu les
61 millions désormais inutiles à l'amortissement, ne soit pas en état d'en rendre 25 à 30
quand l'État en aura besoin. Ce fonds sera plus
en sûreté dans les mains du contribuable que
dans celles de la caisse d'amortissement. On ne
doit pas avoir oublié que ces caisses ne sont
pas hors de l'atteinte des gouvernemens, et
que leurs gardiens ne sont pas encore morts
pour la défense de leur dépôt. Le plus fidèle
dépositaire de la fortune publique, est sans
contredit le contribuable qui la produit, la fé-
conde et l'accroît par ses travaux, et répare,
par ses économies, les atteintes que lui por-
tent l'excès des dépenses et les fausses mesures
du pouvoir.

C'en est assez, sans doute, pour convaincre
tout lecteur attentif et de bonne foi que M. le
ministre des finances a pris mal à propos l'al-
larme sur la réduction de l'amortissement :

elle n'a aucun des vices, des inconvéniens et des dangers qu'il a cru y apercevoir, et elle a des avantages immenses et infiniment supérieurs à ceux qu'on peut obtenir par la réduction de la rente. Pourquoi donc n'a-t-elle pas obtenu la préférence qu'elle méritait? C'est ce que M. le ministre des finances va nous expliquer.

Les motifs sur lesquels il fonde sa préférence pour la réduction de la rente sont :

« De diminuer les charges publiques en ré-
« duisant les intérêts de notre dette au taux
« où notre crédit nous permet de contracter
« des emprunts nouveaux sans nuire à son
« développement, et en joignant au contraire
« au bénéfice actuel des bénéfices sur les em-
« prunts à venir. Tel est le résultat le plus heu-
« reux que nous puissions tirer des circons-
« tances, le but desirable que nous devons
« chercher à atteindre.... La mesure que nous
« proposons procurera une réduction de 28

« à 3o millions sur les dépenses annuelles. »

Ce serait un étrange phénomène qu'une réduction de rentes qui ne nuirait pas au développement du crédit, qui joindrait au contraire un bénéfice actuel à des bénéfices sur
des emprunts à venir. Il serait assez curieux
de savoir comment des emprunts qui n'existent pas, qui peuvent ne jamais exister et
qui seront peut-être très onéreux, joignent
des bénéfices aux bénéfices actuels. Il y a là
quelque prestige qu'il ne m'appartient ni de
partager ni de détruire ; je me bornerai à une
seule réflexion.

Si la réduction des rentes ne doit procurer
qu'une économie de 28 à 3o millions sur nos
dépenses annuelles, elle ne peut pas être pré-
férable à la réduction de l'amortissement qui
en donnerait une de 60 millions.

D'ailleurs l'économie de 28 à 3o millions
ne peut, suivant le ministre lui-même, avoir

lieu que dans deux ans, tandis que l'économie de 60 millions est actuelle et aura par conséquent produit 120 millions avant que l'autre commence à s'effectuer.

Enfin l'économie de 60 millions ne coûtera pas un centime de frais, et il est bien à craindre que celle de 28 à 30 millions ne soit bien dispendieuse. Le silence mystérieux du ministre, à cet égard, doit inspirer les plus vives inquiétudes.

« La dernière limite, dit Son Excellence, « est commandée par la nécessité, c'est la part « faite au secours indispensable pour une opé- « ration si colossale et aux termes que les « circonstances peuvent obliger à prendre pour « les remboursemens. La jouissance pour le « trésor, des bénéfices de la réduction, ne « pourra être retardée au-delà du 1er janvier « 1826. »

Ne semble-t-il pas que de cette limite,

comme le ministre l'appelle, on peut conclure
qu'il évalue les frais de cette opération à deux
années de l'économie espérée, et par conséquent de 56 à 60 millions? Certes cette charge
serait bien pesante pour l'État, et dépasserait,
ce semble, les récompenses les plus ambi-
tieuses; j'aime à croire qu'il ne faut voir dans
ces limites que des latitudes pour le savoir-
faire du ministre.

Ce qu'il y a de bien évident, c'est qu'en ba-
lançant les avantages et les charges, soit de la
réduction de la rente, soit de la réduction de
l'amortissement, il n'est personne qui ne doive
s'étonner de la préférence que le ministre a
donnée à celle-là sur celle-ci; on ne peut expliquer cette détermination que par les incon-
cevables prestiges de la prédilection.

Mais ce n'est pas seulement sous les rapports
économiques que la préférence doit être refusée à la réduction de la rente, c'est encore
parce que le mode que le ministre propose

pour son exécution offense les lois, la justice
et la morale.

Que demande le ministre pour opérer la
réduction de la rente?

« Qu'on adopte les limites dans lesquelles il
« propose de se circonscrire et dans lesquelles
« il pourra agir, et il déclare qu'au moyen des
« latitudes qu'il demande, il peut garantir que,
« par le succès de la conversion, (la réduction)
« est indubitable. »

Je n'entends pas bien ce que le ministre
veut dire par *les limites* dans lesquelles il veut
qu'on le laisse agir, et quelle est *la garantie*
à laquelle il se soumet.

A prendre ces limites et sa garantie dans
leur sens naturel, le ministre semblerait en-
treprendre l'opération à forfait, à ses risques
et périls , et sous sa garantie, mais ce n'est
pas ainsi, sans doute, qu'on doit l'entendre,

car alors il cesserait d'être ministre, il se pla-
cerait dans la catégorie des spéculateurs, et
il n'offrirait plus aux chambres le caractère
éminent dans lequel elles doivent le recon-
naître et coopérer avec lui.

Que signifient donc les limites, les latitudes
et les garanties dont parle le ministre? Veut-
il qu'on le laisse agir dans ses limites, avec une
entière liberté, sans contrôle, sans responsabilité ? En ce cas, il veut ce qu'il ne doit pas
vouloir, ce qu'on ne peut pas lui accorder,
sans dénaturer et bouleverser notre système
social.

L'article 13 de la Charte dit littéralement :

« La personne du Roi est inviolable et sa-
« crée, ses ministres seuls sont responsables. »

Tout acte d'un ministre l'assujétit donc à la
responsabilité; il ne peut s'y soustraire sous
aucun prétexte, et l'on ne peut l'en mettre à

l'abri sans enfreindre la Charte dans une de ses dispositions fondamentales. Comment donc le ministre resterait-il responsable s'il pouvait agir sans responsabilité dans les limites que la loi lui prescrirait? Faire ce qu'on veut, et répondre de ce qu'on fait, sont deux choses incompatibles. Admettre que dans des limites données, le ministre peut abuser, dilapider, spolier la fortune publique, c'est supposer qu'il est des cas où un ministre n'est pas responsable, c'est détruire la responsabilité que la Charte a imposée au ministre, comme une condition de l'inviolabilité de la personne sacrée du Roi.

Qu'on impose au ministre des limites qu'il ne pourra pas dépasser, je le conçois, mais qu'il regarde ces limites comme des latitudes dans lesquelles il jouira de son libre arbitre, et ne sera comptable qu'à lui-même de ce qu'il aura fait, c'est ce qu'on ne peut concilier avec un système social où les ministres sont responsables.

Je sais bien que le ministre protestera de sa loyauté, de sa conscience, de son honneur, et je ne lui ferai pas l'injure de douter de la sincérité de ses protestations.

Mais on faisait aussi les mêmes protestations en 1817, quand je parlai de la nécessité de la concurrence pour les emprunts ; on convint même que cela ne ferait point de difficulté, et cependant le ministre donna l'emprunt à qui il voulut, et le silence de la loi fut son excuse.

Si en 1818 il parut se soumettre à la condition de la concurrence, elle lui servit de moyen de distribuer ses largesses à ses protecteurs, à ses affidés, à ses protégés; on en jeta les hauts cris, on en fit des plaisanteries, mais le pauvre John-Bull fut obligé de payer comme si l'on avait bien fait ses affaires.

Puisse cette expérience n'être pas perdue pour la fortune publique, puisse-t-on ne pas s'abuser sur les *garanties* des ministres, qui ne leur ont pas encore coûté un centime, quoiqu'elles n'aient peut-être pas été sans influence sur les déterminations des chambres. Le moyen pour des Français, de ne pas croire à la parole des ministres?

Mais enfin, fût-il vrai qu'on doit confier à un ministre, sur la foi de sa *garantie*, la réduction des rentes, quand doit-on autoriser cette réduction?

« C'est, dit M. le ministre des finances,
« quand l'abondance des capitaux et le crédit
« de l'État sont tels qu'on peut emprunter à
« 4 pour cent, en rente constituée, et qu'on
« doit à 5. »

Je suis tout-à-fait de cet avis.

Je lui demanderai seulement quelles sont ses preuves que c'est à l'abondance des capitaux qu'il doit l'offre qu'on lui fait de prêter en rente constituée à 4 pour cent, ceux

qui lui sont nécessaires pour le remboursement de nos rentes.

J'irai plus loin et je lui demanderai s'il est
bien persuadé de cette abondance; le doute
que j'élève ne doit pas l'offenser, puisque
c'est lui-même qui le fait naître.

Il dit en effet, littéralement, comme je l'ai
déjà fait remarquer : « que si on réduit le
« fonds d'amortissement, les capitaux placés
« en rente donneront non seulement 5, mais
« 6, 7 et 8 pour cent.

Dans ce cas, l'intérêt des capitaux augmen-
terait; mais comment cela pourrait-il être, s'il
y avait abondance des capitaux? Le propre de
l'abondance de tout objet vénal est d'en baisser
le prix; loin d'arrêter cette tendance naturelle
des choses, la réduction de l'amortissement la
favoriserait, car selon que l'amortissement est
plus ou moins considérable, il achète une
quantité plus ou moins forte de rente, et la

plus ou moins grande quantité de ses achats,
a plus ou moins d'effet, sur le prix du mar-
ché. Si donc la rente montait à 6, 7 et 8, dans
le cas de la réduction du fonds d'amortissement, c'est-à-dire, dans le cas où la caisse d'a-
mortissement ferait de moindres achats, ce
serait une preuve certaine que ce n'est pas
l'abondance des capitaux, mais la grandeur
de l'amortissement qui a fait baisser leur cours.
M. le ministre des finances est donc tombé
dans une contradiction manifeste, quand il a
supposé que l'abondance des capitaux pro-
duirait la hausse de l'intérêt, et que la réduction de l'amortissement le ferait augmenter.

M. le ministre des finances confondrait-il
l'abondance des capitaux avec la grandeur du
fonds d'amortissement, et croirait-il que c'est
une seule et même chose? Son erreur serait
grave. Dans les cas où l'abondance des capitaux ne vient que de la grandeur du fonds
d'amortissement, l'abondance est factice, fictive et temporaire; elle est de la même nature

que celle des eaux canalisées, qui, dans un temps donné produit tous les effets de l'abondance réelle, mais qui, après ce temps, cesse et ne laisse après elle aucune trace de son existence; il n'y a d'abondance qui mérite ce nom que celle qui donne un excédant au-delà du besoin, et à qui on ne peut pas trouver d'emploi pour cet excédant sans en baisser le prix ordinaire. Ce n'est certainement pas cet excédant que produit le fonds d'amortissement, et par conséquent il est impossible de le confondre avec l'abondance des capitaux.

M. le ministre des finances croit si peu à cette abondance, qu'il fait dépendre son opération de causes qu'il appelle temporaires et qu'il fait consister :

« Dans l'élan donné à l'élévation du cours « de nos fonds publics, par la réussite de no- « tre dernier emprunt.

« Dans les opérations qui se font dans un
« État voisin, pour réduire l'intérêt d'une par-
« tie de sa dette.

« Dans l'espèce de fièvre à la hausse qui s'est
« emparée de toutes les places où se négocient
« les fonds publics de l'Europe.

« Enfin dans la manie des prêts qui a fourni
« depuis quelque temps, à qui l'a voulu, la
« facilité de remplir des emprunts. »

Certainement, chacune de ces considérations, et toutes ensemble, sont autant de
preuves éclatantes de l'abondance des capitaux, de la difficulté de leur trouver un pla-
cement, et par conséquent de la nécessité d'en
baisser l'intérêt ; mais ce n'est pas là l'opinion
que s'en est formée M. le ministre des finances,
et qu'il en a donnée aux Chambres, à la France
et à l'Europe. Le sens naturel et vrai de son
discours, est, qu'il y a en ce moment une

abondance factice de capitaux dont il faut se
hâter de profiter.

Mais alors je lui demande ce que deviendra
son opération?

Parviendra-t-il à la consommer? Il est per-
mis d'en douter.

Si l'abondance des capitaux n'est que factice ou éphémère, les rentiers ne consentiront
pas à la réduction de leur rente, et les prêteurs
seront dans l'impossibilité absolue de réaliser
les emprunts nécessaires au remboursement.
Dans ce cas, qui peut calculer les désordres
dans lesquels on plongera les affaires!

Réussira-t-il à consommer son opération?
Les rentiers consentiront-ils à la réduction à
4 pour o. o, ou les prêteurs réaliseront-ils les
fonds pour le remboursement? Mais alors,
combien de temps durera cette situation for-
cée? Car il faut, en dernière analyse, que la

rente se fixe au taux déterminé par l'abondance des capitaux. Quel sera ce taux? S'arrê-
tera-t-il à celui auquel il est à présent de 5
pour o/o?

Dans ce cas , les malheureux rentiers ré-
duits à 4 pour cent, seront dépouillés du cinquième de leur rente, et les prêteurs de l'État
seront ruinés.

A la vérité , l'État aura diminué sa dette d'un
cinquième, il aura fait un profit de 35 à 40
millions en intérêts , ou de 7 à 800 millions en
capital; mais ce sera aux dépens de ses légitimes
créanciers ; il se sera enrichi de leur ruine.
Ce sera, si l'on veut, une superbe affaire de
bourse ; mais que de larmes elle fera verser ,
que de crimes elle fera commettre, quel ébran-
lement elle donnera à la fortune publique. De
bonne foi , est-ce ainsi qu'on doit faire les affaires d'un grand peuple ? Un gouvernement
doit-il profiter *de la fièvre de la hausse, de la
manie des prêts, de l'action continue et crois-*

sante du *fonds d'amortissement* ; est - ce là
l'exemple qu'il doit donner de sa justice, de
sa moralité et de sa conscience? Non, nous ne
verrons pas un pareil scandale! on ne dira pas
de nous que , si nous ne manquons plus de
foi à nos créanciers, nous les jouons à la bourse.
Une pareille conduite ne serait pas bonne à favoriser *le développement de notre crédit , et
ne joindrait pas aux bénéfices des emprunts actuels les bénéfices des emprunts à venir.*

Je le répète, si les capitaux sont tellement
abondans, qu'ils ne trouvent plus à se placer
qu'à 4 pour o.o, c'est une opération légitime ,
louable et sûre, de rembourser à nos rentiers
le capital de leurs rentes, que nous leur payons
à 5 pour o/o ; ils doivent se résigner à ce remboursement, inhérent à toute constitution de
rente. Mais pour que la mesure soit irrépro-
chable , il faut que l'abondance des capitaux
soit certaine et incontestable; il faut encore,
et c'est une seconde condition indispensable,
il faut qu'elle soit générale , sans exception

comme sans retard, pour tous les rentiers. C'est vainement que le ministre veut distinguer la rente immobilisée de celle qui ne
l'est pas ; cette différence supposerait entre
elles des différences qui n'existent pas. Ce serait favoriser l'une aux dépens de l'autre : car,
qui sait si la suspension du remboursement
de la rente immobilisée n'est pas un moyen
de faciliter le remboursement de la rente mobilière. La mesure bornée à 140 millions de
rente peut réussir ; on peut, jusqu'à un certain point, trouver les fonds qu'elle nécessite ;
mais trouverait-on également ceux qu'exigerait le remboursement de 200 millions de
rente ou de 4 milliards de capitaux ? Cela est
plus que douteux, et par conséquent la mesure est illégitime ; car sa justice dépend de sa
généralité.

L'exception qu'on veut faire en faveur de
la rente immobilisée, serait d'autant plus
odieuse qu'elle favoriserait la classe riche des
rentiers, c'est-à-dire les pairs, les personnages

revêtus de titres et ceux qui ont fait des ma-
jorats pour donner à leur fortune plus de
fixité et de stabilité. Un tel privilége serait
une injustice révoltante. Nous ne sommes pas
dans des temps où l'on peut immoler les faibles et les malheureux aux forts et aux puis-
sans. On n'a pas encore effacé de la Charte
cet article protecteur: *Les Français sont égaux
devant la loi.* (Art. 1er)

Ainsi, dans l'hypothèse de l'abondance des
capitaux, le projet de la réduction des rentes
devrait éprouver une importante modifica-
tion, à laquelle le ministre n'est peut-être pas
en état de consentir parce qu'elle le ferait
échouer; mais il est évident que si la mesure
n'est pas générale, elle est illégitime et doit
être rejetée.

Il est tout aussi raisonnable et tout aussi
juste de réduire le fonds d'amortissement à la
portion nécessaire à la libération de la dette
publique. Tout ce qui excéderait cette pro-

portion n'aurait plus de destination légitime
et ne pourrait être regardé que comme une
prime offerte à l'agiotage.

Si, en effet, après avoir fait descendre la
rente à 4 pour cent, l'abondance des capitaux
suffisait pour la faire maintenir à ce taux, le
fonds d'amortissement de 85 à 90 millions
n'aurait d'autre effet que de produire une
baisse fictive et de favoriser l'agiotage, faveur
qu'aucun gouvernement ne doit lui accorder
et encore moins avouer.

Mais si, comme M. le ministre des finances
en paraît convaincu, l'abondance des capitaux
n'est qu'éphémère, *une espèce de fièvre à la
hausse, la manie des prêts*, on ferait de vains
efforts pour arrêter, par la puissance de l'a-
mortissement, la hausse de la rente, le torrent
emporterait la digue et elle ne servirait qu'à
protéger l'agiotage.

Ainsi, dans toutes les hypothèses, la réduc-

tion de l'amortissement me paraît nécessaire
et indispensable.

Je dis plus; s'il y avait du doute sur la
réalité de l'abondance des capitaux, je ne dirais pas comme le sage : *dans le doute abstiens-toi.* Mais je crois qu'il serait prudent de
suspendre la réduction de la rente, jusqu'à ce
qu'on eût acquis la certitude de ce qu'il y a
de vrai ou de faux sur ce point important.

Me demandera-t-on quel en est le moyen ?

Il est fort simple ; c'est de faire précéder la
réduction de la rente de la réduction de l'amortissement. Si celle-ci n'opère aucune oscillation dans le cours de la rente, il sera évident
qu'il est réglé par l'abondance des capitaux,
et l'on pourra, dans la session prochaine,
juger avec certitude s'il convient d'opérer la
réduction ajournée. On agira avec la même
prudence que l'Angleterre, qui, en ce moment, opère la réduction partielle de sa dette

en l'absence et sans le concours du fonds
d'amortissement.

Que si la réduction du fonds d'amortissement entraînait la baisse de la rente, ce serait
un mal sans doute, mais il serait bien léger
en comparaison de celui qu'on aurait évité.
Si en effet la rente à 5 pour cent ne peut pas
se soutenir avec un fonds d'amortissement
de 24 millions, comment pourrait-on se flatter
de la faire rester à 4 pour cent avec un fonds
d'amortissement de 85 à 90 millions. Il n'y a
personne tant soit peu versée dans ces sortes
de matières, qui se permît d'avancer un pareil paradoxe. Tout ce qui en résulterait, ce
serait un effroyable agiotage, qui compromet-
trait la fortune publique, porterait la désola-
tion dans les fortunes particulières, féconde-
rait le germe de l'immoralité, et développerait
ce système de corruption et de cupidité qui
menace d'envahir toutes les sources vitales de
l'ordre public.

Me pardonnera-t-on de servir ici d'organe

à une rumeur que l'on entend partout, et que sa vraisemblance autorise.

Il est certain que la réduction de l'amortissement ne laisserait plus aucunes ressources à l'agiotage, puisqu'elle abandonnerait la rente à son cours naturel, nécessairement déterminé par l'abondance des capitaux; mais ce n'est pas l'intérêt d'une classe puissante et influente dans nos affaires de finances, qu'il n'y ait plus d'agiotage : elle perdrait son crédit et sa puissance le jour où elle ne pourrait plus faire la fortune de ses protecteurs, et ses protecteurs ne pouvant plus disposer des fonds de l'agiotage, perdraient la clé d'or qui ouvre tant de portes et ferme tant de consciences.

En un mot, la réduction de l'amortissement est conseillée par tous les intérêts, et il devrait suffire de dire qu'elle donnera dès à présent la disponibilité d'un revenu de 60 millions. Quel puissant levier pour tous les genres de prospérités! Qu'il est facile de gouverner un pays qui offre de si immenses ressources après vingt-cinq ans de révolutions désastreuses, de guerres civiles et étrangères dévastatrices et ruineuses, et après deux invasions spoliatrices. Quelle responsabilité pèserait sur des ministres qui, au lieu de fertiliser ces précieuses ressources, les stériliseraient dans l'extension des armées et l'augmentation des pensions, dans de vaines pompes, de misérables considérations privées, et le triomphe éphémère des partis. Puissent-ils ne pas perdre de vue que ces ressources viennent de l'industrie des Français, et qu'ils en sont comptables à leur industrie.

FIN.